Chips, Nippel und Abenteuer

Gedichte

Felix Martin Gutermuth

Dorante Edition

Chips, Nippel und Abenteuer

Gedichte

Felix Martin Gutermuth

Bibliografische Information durch die Deutsche Nationalbibliothek:
Die Deutsche Nationalbibliothek verzeichnet diese Publikation in
der Deutschen Nationalbibliografie; detaillierte bibliografische Daten
sind im Internet über http://dnb.d-nb.de abrufbar.

Herausgegeben durch das Literaturpodium, Dorante Edition
Berlin 2020, www.literaturpodium.de
ISBN 9783750480575

Foto auf der Vorderseite: Park in Paris, Felix Martin Gutermuth

Herstellung und Verlag: BoD – Books on Demand, Norderstedt

Taxi nach Bellevue

Man wundert sich
dass man lebt
und dann noch
eine rauchen

und das
bestellte
Taxi anfahren
lassen

dem Fahrer
sagen
welche Adresse
er anpeilen
soll

die Zigarette
wegschnippen

einsteigen

und die Stadt
zieht vorbei

Das Klima des Mondes

Als wir
im Bett lagen
so jeder für sich,
ich mit dem
Rücken zu
dir
und du auf dem
Bauch,
und ich meinen
Rausch ausschlief,
es zumindest
versuchte

war der Mond
wach
und sah uns zu.

Als ich mich
umdrehte
und meinen Arm
um dich legte
schien alles
so sauber
und doch irgendwie
dreckig,
es könnte Liebe
gewesen sein.

Erst der Anfang

Kakao vom Warenhaus
neben dem Markt.
Vorbei am Friedhof
Vogelblick
auf die befahrene
Straße.
Karl-Marx-Straße.
Berlin, eine verseuchte
Stadt, die du nicht los wirst.
Die Hölle hält den Atem an.
Ich atme die Luft
und dieser Kakao
zu einer Zigarette.
Auf dem Balkon
ist eine Party
die seinesgleichen sucht.
Im Trubel der Stadt
will ich in Ruhe gelassen
werden, Gedichte schreiben
und den Göttern
einen diktierten
Gedichtband
auf den Küchentisch legen.
Hier habt ihr euren Teufel,
euren Untergang,
den Trottel
für die Missgeburten.

Ladenschluss

Ich erinnere mich
an die Tage
am Spätkauf
in Kreuzberg

fast jeden Tag
fünf Bier oder
mehr

besoffen
war alles
erträglicher

er war
immer voll
und sogar
Schulden
konnte man
machen

zwei Jahre
ging ich
dorthin
und als er
zumachte
für immer
war nichts
mehr
wie zuvor

Vom verschütteten Leben

Job verloren

kein anderer
in Aussicht

die Stellenanzeigen
ein mühsamer
Kampf
für den
es sich lohnt
aufzugeben

was bleibt
ist der Suff
was bleibt
ist gammeln

Tag für Tag ...

vegetieren
bis in die
späten Abendstunden
und dann
schon wieder
schlafen

ich habe keine Frau
und keine Kinder

frei von Konventionen

ich bin der fröhlichste
Mensch
der Welt

Flügelschlag

Wenn der Tod
dir ein alter Bekannter ist
und du als Dichter
auch nur
um die Ecke
mit einem Messer
der Angst
einen Brief schreibst
dann ist der dritte Stock
und das alte Bett
nur noch
für deine
gewachsenen
Flügel
und die Teufel
der du auch einer warst

ein paar Ficks
für eine Brücke

dieses Gedicht ist für mich
wie du für dich

Nora

ich denke
ich bin Dichter

und wenn ein Franzose
für den Frieden ist
hat der Krieg
Tolstoi nie gelesen

Der Klamauker

Ich war ein Klamauker
End-West-Philosophie,
und Bier auf der Straße
trinken.
Kein Krieg, nur Frieden.
Die Cap von Boss
und die Schuhe von Puma.
Der Teufelstanz
ist mein, und er
wird am Ende siegen.
Billy Bagger,
faules Glitzer.
Ein Baltasar
in Dijon sitzt
am Bahnhof
mit Kleingeld.
Ich schlief in Dijon
auf einer
Wiese,
kam an
mit einem Zug aus Paris.
Trag das Herz
durch die Städte
und lass es pumpen
auf dem Weg
zu den Sternen.
Wendekreise,
Mathematik,
Jazz ...
hol die Dichter
aus dem Keller
und lass sie
besser werden
besser als wir.
Sie wollen meinen Tod,
ich will ihr Erbe.

Die Krabbe

Die Krabbe,
ein gedemütigtes
Dasein
ich,
und ihr,
wir
und der
Rest der Welt,
Freund von
Hymnie
dem Ochsenfrosch,
Henry Miller,
Billy the Kid,
Bukowski,
Maurice Batras,
Ira Kane,
Paul Arena,
Hemingway,
Knut Hamsun,
Celine,
Moldorf,
Anais Nin,
Nora,
Lara,
Juny etc. ...

Erotik, Extase,
Land Fick,

Neuland.

Der echte Dichter

Der echte
Dichter
zieht es nicht
vor
für seine Poesie
in den Krieg
zu ziehen,
er ist für
den Frieden
und will
in Ruhe gelassen
werden.

Der echte Dichter
ist ein Lump,
ein Versager
auf der Gewinnerseite.
Er schafft Brücken,
um sie danach wieder
einzureißen.

Der echte Dichter
hat Träume
oder lässt andere
träumen.
Er spielt mit
den Geistern,
ist ein Untier,
ein Mann
als Clown,
kein Held,
sondern ein
Individuum.

Der echte Dichter
braucht keinen Hut
um sich Dichter
zu nennen.
Er braucht nur
manchmal Erfolg,
eine Dame
und ein paar Euro
für Wein, Zigaretten
und die ein oder andere Mahlzeit.

Der echte Dichter
stirbt arm
in der Gosse
in einem billigen Hotel.

Der wunderliche Kalimero
oder neulich in Paris

Sie nannten mich Kalimero,
einen Schüler von Dostojewski.
Ich war gerade in Paris
und verbrachte ein paar Tage
bei Shakespeare & Company an der Seine
und schlief in einem Hostel.
Ich hatte aufgehört zu lesen ...
seit jeher zog es mich nach Paris.
Ich widmete der Stadt schon mehrere Gedichte
und hatte nun vor, mich in diesem Buchladen
gegen Arbeit einzunisten.
Sie boten das allen Dichtern an.
Ich war verzweifelt, und mein erstes Gedicht hieß
„Über die Legmitation des Selbstmords".
Es fand sich ein Verlag. Eine Anthologie.
Meine erste Erzählung, ein Erotika,
sollte noch kommen.
Ich krebste vor mich hin
und tat mich schwer damit,
das alte Bett zu verlassen.
Meine Mutter gab mir sogar
einen Schlüssel zur Wohnung,
ein Altbau in Neukölln, im dritten Stock,
und meinte, ich könne ruhig länger bleiben.
Suhrkamp erkannte den Hurensohn in mir,
und ich schickte regelmäßig Aufzeichnungen,
wenn auch nur, um sie zu ärgern.
Wahrscheinlich war ich ihnen zu obszön,
zu dreckig, zu französisch.
Ein Schusterjunge ohne Ziele,
ein Boy mit einem Hang zur Philosophie.
Allen voran Nietzsche.
Die Reise durch Europa, die Reisen nach

Paris, Mallorca, Dijon,
ein Leben fürs Schleichen der Katzen.
Mit dem Westen ging es zu Ende,
und am Obstladen gab es
immer noch eine Avocado.
Moe nannte ich einen guten Freund,
ebenso Paul und Ira.
Einsam sein bedeutete nicht alleine zu sein.
Ich war schizophren,
und die Engelsstimmen waren keine Plage,
sie förderten meine Kreativität.
Jazz an der Notre Dame.
Ich schlenderte
über die Brücken und durch Parks
und hatte kein Geld, keine Hoffnungen.
Ich war glücklich, froh,
und dachte immer wieder an Nora,
meine erste Frau.
Wir waren vor Jahren ein Paar,
und ich wollte sie immer noch heiraten,
aber es schien auswegslos.
Verzweifelt verliebt zu sein ist nur schlimm.
Mein Bett wurde ein treuer Begleiter über die Zeit.
Schlafen und aufwachen, leben wie tot.
Die Brote wurden hart, und der Käse war frisch.

Sie nannten mich Kalimero.

Über die Legimitation des Selbstmords

Manchmal,
wenn ich verkatert aufwache
und die Schmerzen in Schädel und Herz schlimmer sind
als der vermeintliche Grund
warum man überhaupt getrunken hat,
nämlich; die Verdrängung dieser genannten Symptome,

denke ich dran,

wie es wäre aus
allem raus zu sein
und aus dem Fenster zu springen
oder von der Brücke oder sich die Pulsadern aufzuschneiden

adieu, kurz und schmerzlos,
nüchtern oder betrunken
oder verkatert

auf in diese neue Welt
in der es keine Chefs und Richter gibt,
keinen Wecker,
keine Schnürsenkel,
keine Irrenanstalten,
keine Internetpornos, Fahrscheinkontrolleure,
klingelnde Postboten oder andere Hurensöhne ...

manchmal denke ich dran

und allein der Gedanke
gibt mir die Hoffnung,
es doch noch weiter auszuhalten
in diesem Moloch aus Absurditäten;
der Leben heißt

Tage an der Seine

Paris. Eine Metropole,
die den Dschungel gefräßig und müde macht.
Ich war ein Vogel oder ein
verteufeltes Schwein,
wie sie mich nannten,
ein Bohemien, Dichter,
der keine Zeit brauchte
um zu überleben ...

... den Rücken zur Seine
und der letzte Schluck Wein
aus der Flasche;
das Leben machte keinen Sinn,
aber ich war schon tot
und die Radios,
die aus den Autos
Musik spielten,
schenkten auch den
anderen Pennern Liebe

Im Zug nach Dijon

(Jazzgesang)

1.

Im Zug
nach Dijon
dachte
ich an
den Tod
auf der
Straße.
Das Leben
eines
Penners.

Parks,
Brunnen,
Bänke,
Zäune.

2.

Im Zug
nach Dijon
dachte
ich an
den Tod
auf der
Straße.

Wein,
Käse,
und Zigaretten.

3.

Im Zug
nach Dijon
dachte
ich an
den Tod
auf der Straße.

Unendlich
gestorben,
einmal verliebt,
der letzte Fick.

4.

Im Zug
nach Dijon
dachte
ich an
den Tod
auf der Straße.

Habenichts

Ein Habenichts
ich,
bis die Straßen
wieder uns gehören,
tanzen wir
auf ihnen,
nachts und tags,
Berlin,
Paris,
Mallorca,
und gerade
noch Geld
über für den Puff.
Die letzte Frau
ist weg,
der letzte Cent
draufgegangen
für billiges Bier,
war ich ein Vogel?

Verrückt wie
man gammelt,

Jobs in den Sand gesetzt
versucht ein Dichter
zu werden,

verrückt wie
der Trott,
an dem
so manch
einer
an einem Kirschkern
erstickt

Und dann waren
da Bukowski,
Miller.
Die Stadt
war der Anfang
der großen
Literatur.

Bis die Straßen
wieder uns gehören,
tanzen wir auf ihnen.

Ein Prost
für Lady Gin.

Mein Käfig

Betrunken in der Stadt
schlendere ich die Karl-Marx-Straße
entlang

Neukölln;
du meine
einzige Hoffnung
nach mehr
Verrücktheit
und dem Schein,
der die Gosse
erträglich macht

morgens
um zehn
gleich vier
Bier
und eine
Packung
Pueblo in der
Hosentasche

ich gehe zur Bibliothek
und lese was von
Rimbaud

Neukölln;
du mein
einziger Ort
an dem ich
ein Leben
führen kann,
wie es
für einen Außenseiter

bestimmt ist,
für die Götter,
ein Leben für nichts

Die Nymphe aus dem Obergeschoss

Als wäre ein R'n'B-Track
ein Lied,
der das Radio hat
für eine Weile
ausgeschaltet

Anna verpasste
mir eine Extase,
die auch
die Reise von Celine
nicht gelesen hat

es ist immer
ein weiterer Fick
in Neukölln
auch für Amour,

denn ein Hotel
im Hof
hat meistens
keine Briefkästen

Ein Lied für Sie

Das Chaos
das von Anfang
an herrschte,
war für
einige
im Stromkreis
eine schmalzige
Ballade.

Ich singe
keine Balladen,
ich singe schief.

Lasst mich singen,

daß auch ein Pinguin
sein Buch
schreiben kann,

die besten Anfänge
brauchen
keinen Verlag.

Endorphin

Ich habe dich
auf der Sonnenallee
gesehen
und du bist einfach vorbei

Elnur
als hätte ich geträumt

und als seist du
einem Gott begegnet
wieder schnell
um die Ecke

Getting together old

Wein trinken
und Bach hören
und hin und wieder
ein Gedicht
und so lange auch
kein Verlag
das Zeug drucken will,
hat man auch noch Büros
und andere Möglichkeiten

eine Existenz

für die Hunde und Clowns
und die Preisboxer

als Hinweis
abzugeben,
um auch nichts zu verwirklichen
aber froh in einer
Hölle zu bleiben

Sexus Infernal

Es war eine Zeit, in der
keine Möse zu viel war.

Ich schleppte Juny auf der
Karl-Marx-Straße ab,
und stieg bei ihr von
hinten auf
in der Badewanne
und bearbeitete
sie eine gute halbe Stunde
und nahm sie
mit in mein Zimmer
und verpasste
ihr den Rest.
Sie fing an mich zu reiten
langsam, schnell
langsam, schnell.

Es war eine Zeit, in der
keine Möse zu viel war.

Als der Fick
ein Ende fand
schenkte ich ihr ein
Aquarell
von mir und gab
ihr Geld für den Bus.

Juny und die Karl-Marx-Straße,
mein japanischer Whiskey
und mein Ständer.

Still kommen,
still gehen ...
alles war perfekt.

Zuflucht

Zum Glück eine Zuflucht.
Schizophren diagnostiziert.
Die letzte Einrichtung, Abbruch.
Betrunken am Hafen
in Wismar.
Hotel gemietet,
wollte nach Paris ...
hatte nicht genug Geld.
Zum Glück eine Zuflucht.
Schlafen im Obdachlosenheim
mit dem Wissen
in Neukölln wieder
aufgenommen zu werden.
Busfahrt,
drei Stunden warten
in Lübeck.
Zum Glück eine Zuflucht.
Diebstahl, Wein und Bier,
muss trinken,
muss mich
wegschießen bis
ich mein altes Bett
wieder erreiche.
Pleite auf dem
Weg nach Berlin.
Zum Glück eine Zuflucht.
Der Koffer und mein Hut,
meine Hemden,
meine Schuhe,
mein Telefon,
meine Jeans,
meine Gedichte
alles was ich habe.

Zum Glück eine Zuflucht.

Hinterhofträume

Meine Fenster
lange nicht geputzt

der Blick
auf ein Warenhaus
und eine Kreuzung

davor ein Friedhof

davor mein Hinterhof

Neukölln
im Winter
bei Schneeregen und Kälte

drinnen ist es warm
und ich träume
vom Mißerfolg
vom Suff
und einem Leben in der Gosse
wie es unausstehlicher
nicht sein kann

Lieber sterbe
ich einsam
als erfüllt
von falschem Stolze

per aspera ad astra

Eine Fahrt nach Paris
war nur einfach zu kaufen,
wenn man das nötige
Geld hatte,
und ich war pleite und
wartete,
und wußte, dass es
noch dauern kann.
Billiger als ein Ticket,
war das Schneckentempo
in dem wir kamen.
Und ich war schon
in Paris für Tage,
schlief auf der Bank
oder saß im Park
und betrank mich.
Nur wußte ich auch,
daß es um Schriftsteller
zu werden
mehr als zwei Seiten
für einen Tag brauchte ...

ich war ein Versager
und wusste
nicht einmal,
was ein Schriftsteller
überhaupt war

und sollte dichten
eine Tugend sein,
durfte auch ich mich
fühlen
wie Gott in Frankreich

Warten auf die EX

Bitter
ist die
Verzweiflung
und
strahlt der
Welt
entgegen

Gedichte
die ich ihr
schreibe
will sie
nicht lesen,
das Telefon
nimmt sie
nicht ab

ich
  bin
    einsam

und Nora
hat studiert,
ist Mutter
geworden

ich war verliebt,
bin es
vielleicht noch
immer
ein guter Grund
verrückt
zu werden

Eine versoffene Liebe

Als ich Linda
vor mir tänzeln
sah
und nun nicht
wusste,
ob ihr Albtraum
oder Boy,

als unverhoffte
Begegnung,
die einen
erst einmal
hat von
Büchern reden
lassen

und auch eine
Verabschiedung
die sehr schnell
vor sich ging,
als wäre nichts
zwischen uns
passiert,
nichts zwischen
uns geschehen

und so ging
sie mit ihrem
Mann
und ich betrank mich
noch bis tief
in die Nacht

Ein Morgen in Neukölln

Sitze im
Cafe
und rauche
eine Zigarette

mein Fahrrad
steht
an der Laterne

die Nutte
aus dem Puff
nebenan
torkelt an mir
vorbei
und kann
sich kaum auf
den Beinen
halten
ihre Schuhe
haben Absatz

drüben
kommen welche
vom Feiern

ich lese
nur die Überschriften
der Zeitung
und mache
mich verkatert
wieder
auf den Weg
ins Bett

Ein Fest

Es ist ein Fest, wenn es kein Fest ist,
sondern die meisten nur müde gaffen,

es ist ein Fest, wenn es kein Fest ist,
und die anderen nur müde sind,

es ist ein Fest, wenn es kein Fest ist,
sondern die Kreise eines Krebses,

es ist ein Fest, wenn es kein Fest ist,
nur eine weitere Ische, die man gefickt hat

es ist ein Fest, wenn es kein Fest ist;
denn einsam
hatte ich auch die Erkenntnis,
dass ich kreativ war,
gesund und mit Gedanken
an Anna
den Flohmarkt auch revolutionierte.

Ich war kein Bildermaler.

Ein Messer für den Embryo

Wenn der Kaffee
das Kokain ersetzt
und man auch
ohne Drogen
das Leben
für Schaufenster
der Götter
an stillen Tagen
vorbeiziehen lässt

Erwähnen
auch nur die
Franzosen
einen Mann
dessen Dasein
verflucht wurde

und für ein paar Euro
den Gedichten
eine Chance geben

Über der Angst

Wenn der Regen
auch ein Blatt
durch den Gullideckel
schwemmt
und die Peepshow
in der Nacht
ein paar Nutten
hat bezahlt

Dann ist auch
der Schlaf
nur ein Sieg
für die Straßen
die immer
noch denken
daß Goethe
der einzige
Dichter war

Sekt zum Frühstück

Das Arbeitslosengeld ist da,
der Pöbel erntet seinen Spott
ich bin gerade aufgewacht
und habe mir einen Sekt geholt
und mich an den PC gesetzt
um zu schreiben.
Ich schreibe beschissen
nach zwei Gläsern intus.
Eine Kurzgeschichte sollte
es werden
über einen Mann mit
einem Konto.
Und nun schon wieder
ein Gedicht,
aber ein Gedicht
wird am Ende
der Sieger sein.
Die Möglichkeit etwas
hinzufetzen,
selbst wenn gerade
keine Dame neben dir liegt
und du einsam bist
ist das einzig Wahre
an so einem Morgen
ohne Ziel,
aber mit genug Geld,
um einen halben Monat
zu überstehen.
Die Sonnenstrahlen durch
das Fenster zum Balkon
und ein Glas Sekt in der Hand,
tippen,
tip, tip, tip.
Es hätte schlimmer kommen können.

Knapp am Irrenhaus vorbei
und jetzt schon wieder
einen im Tee.
Das Gedicht wird am Ende
der Sieger sein,
mit oder ohne Sekt.
Dichten für gratis.
Gib ihnen alles,
alles von dir,
Orkus
und Zeit.
Wir sind alle verrückt,
wie ich nach Nora.
Und selbst der schlimmste
Paragraph ist nur gedacht
für den,
der dumm genug war.
Ich gieße mir noch ein
Glas voll und setze
mich auf den Balkon
und rauche eine Zigarette,
und auch dieses Gedicht
wird nur eins unter Millionen
bleiben,
ein Fragment ohne Datum,
eine Aufzeichnung ohne Gewissen.
Puste den Rauch in die City
und dann
schon
Adieu ...
auf ein neues ...

Arztbesuch

Heute musste ich zur Spritze
und hatte meine
Krankenkassenkarte verloren

sie schickten
mich wieder nachhause

und ich legte mich
ins Bett
und war irgendwie froh
darüber

Medikamente, Medikamente
nur eine weitere Falle
in die man tappt
gerichtlich angewiesen

Nachtwandler

Oft schlafe ich tagsüber
um nachts dann nochmal
durch das Karree zu schlendern
bei ein paar Bier und Zigaretten
vorbei an Sexkinos, Kneipen und Spätis.
Gedichte kommen
wie Frauen und gehen
wie Frauen
mal gut
mal schlecht
aber immer zum Kotzen

Fieber

Elektrifiziert
zitternd
wartend
auf das nächste Wunder
den nächsten
Besuch im Bordell
die nächste Frau
den nächsten Rausch

full of life

Was für ein Zirkus

Ich lebe wie tot
in meinem Nest
meinem Universum
zwischen Klospülung
und Couch
Balkon
und meinem Bett

Alptraum

Nüchtern
betrachtet
ist selbst
der schlimmste
Alptraum
nur ein Furz
für Gott,
eine Lappalie

Nora

Immer wieder
Nora
in meinen Gedanken
meinem Herz
meiner Empfindlichkeit
und zugegeben
Beziehungsprobleme
sind lächerlich
in einer Welt
in der sie im
Mittelmeer ertrinken

nur erkläre das
mal deiner
Unvernunft

Katerstimmung

Ich hatte
mich mal
wieder
peinlich gemacht
als Trinker
gang und gäbe

nun
zur Hölle damit
denn wer nicht
versteht zu leben
dem ist auch
ein Bier
schon zuviel

Mit den Gejagten

Wir sind
alle nicht frei
von denen
die dir hinterher sind
weil du anders bist
anders denkst
andere Gedanken hast

New York, Berlin
und die Stromkreise der Verzweiflung

Alles wird übertrieben.
Die Bedeutung des Sexus und die Versager
an den Geländern der Brücken.
Ich hatte mal wieder die Gewißheit, in der alles ungewiss war,
für eine Existenz, die mich nur noch im Stromkreis gammeln
und in Einrichtungen leben ließ. Vorerst.
Und ich wußte, daß ich noch jung war,
und eine Zeit, in der es nur noch darum ging
wer einen Fick gab und wer keinen
und wer mal wieder mit wem im Bett landete,
schien alles zu sein worum sich das Lebensrad drehte.
Frauen und Männer, Männer und Frauen,
Paare und die einzig wahren Dichter,
die keine Chance auf einen Platz in der Bibliothek bekamen.
Sollte das schon alles sein?
Und was war mit den Philosophen und Göttern aus Häusern
in denen sogar die meisten einsam zufrieden waren,
einsam, und wenn sich mal wieder eine Ische fand,
sollte das auch schon eine Belohnung sein,
eine Belohnung für das Aushalten über Jahre,
rauchen und Musik hören.
Und sogar sie waren philosophisch,
kreativ und auch ohne eine Frau wie tot,
aber mit Bibliotheksausweis
und einigen Büchern von Nietzsche.
Ich hatte einen Pakt mit mir geschlossen,
der besagte, daß ich Geschriebenes nicht mehr ändern darf,
und wenn, musste ich nur noch etwas wegstreichen.

Mit Nora hatte ich immer noch nicht abgeschlossen,
und selbst wenn es keine Hochzeit geben sollte,
die uns eine Schifffahrt nach New York zum Geschenk macht,
dann war ich zwar immer noch verzweifelt und ohne Ziel,

aber froh ein individualistisches Dasein zu fristen.
Ein Dasein, das meine Kreativität,
und ich musste kreativ werden,
in weitere Aquarelle und Aufzeichnungen verwandelte.
Tanzende Buchstaben und die Farbe Gelb oder andere.
Wenn man älter wird und malt
und sich nicht mal einen Bildermaler nennt,
dann ist das Klecksen nur die einfachste Sache der Welt.
Es roch nach Fick, wo ich war,
und ob man sich wiedersehen wird
war nicht an ihnen und mir gelegen,
sondern an dem Zufall, der die Straßen der Großstadt
mal wieder für Gerede sorgen ließ,
als wäre auch eine Maus ganz in der Nähe
in ein Loch gekrochen.
Ich selbst wurde die Maus und das Nest, das ich mir baute,
war ein Nest, in dem man elektrifizierte
und elektrifiziert wurde.
Ich war ein Strolch, und wenn die Tage zu Tagen wurden
und die Nächte zu Nächten,
dann waren selbst die Versuche der Helden
nur ein idiotisches Gehabe für den Erfolg eines Kellners.

Räuberseele

Mit
Nora
in
der
Kneipe,
eine
Handtasche
gestohlen,
sie
auf einen
Drink
eingeladen,
bei
ihr
eine
Nummer
geschoben.
Im Kino
ein Kuss,
und
dann
mit
der
Bahn
durch die
Stadt.
Der
Film
war
schlecht,
alles
drum
herum
verrückt

Eine
alte
Schallplatte,
diese
Tage,
getrieben
vom
Wahnsinn

Die Villa zu Valentin

Die Villa
in der ich
mit meiner
Mutter wohnte
lag in Berlin-Neukölln,
am Hermannplatz.
Oft schmiss sie
mich raus,
um mich danach
wieder aufzunehmen.
Ich schlief dann im Treppenhaus
oder im Hotel
eine Straße weiter ...
Ihre Flöte
nährte mich mit
einem Gift,
aber sie war eine Frau.
Ich hasste Männer,
die Flöte spielen.
Ich war nun Anfang 30

und musste
auf eine Farm
am Rande von Berlin,
um vom Alkohol zu entziehen,
eine gerichtliche Auflage.
Ich mochte diese Villa
und mein Zimmer
in dem die Wäsche
auf dem Boden verstreut lag ...
mein Bett, meine Matratze.

La dolce vita; ein Bordell
welches ich öfter aufsuchte
und es zuletzt mit einer blonden
aufnahm, von hinten.
Dichten und vögeln,
trinken und Hallejula,
Pint und die verflossenen Miezen.

Es war nun an der Zeit
auszuziehen,
Künstler zu werden,
Lebenskünstler ...
aber diese Villa
wird immer
in Erinnerung bleiben.

Die Dame aus der verschobenen Stadt

Ich erinnere
mich an die Tage
mit Nora
am See
oder wie
sie mir den Pint
in der Umkleide
lutschte
oder wie ich sie
im Bett nahm
und aus dem Fenster blickte
in der Wohnung
nähe Friedrich-Wilhelm-Platz
in Friedenau.
Nora hielt
mich für einen Gott,
ein Monstrum,
Hans Dampf aus allen Gassen.
Ich versuche immer noch
sie anzurufen
und immer wenn sie sich
meldet und ich ihre Stimme höre,
bin ich froh zu wissen, daß sie
noch am Leben ist.

Die Komik eurer Tragik

Die Komik
eurer Tragik
ist ein Elend,
welches die Coolness
meines Herrschertums
zu einem neuen
Land tendieren
lässt;
ein Land
in dem es keine Zuflucht
gibt,
ein Land
in dem die Fotzen
den Wein für
den Messias
zu einem hart
gewordenen Brot
trinken.
Und so sehr
ich auch Gläubiger
genannt werde,
ich glaube nicht an Gott,
und wenn es
einen geben
sollte,
würde ich ihm
ruhig entgegentreten,
um ihm eine Backpfeife zu geben.
Felix est Valentin,
Künstler und Philosoph.
Der Norden
und das Klimata
in Californien,
der Westen

und sein Untergang.
Als Dichter
bist du nur eine Sissy
die den Kuchen
teilt.
Meine Frau
wurde mir weggenommen
und so oft ich neben
ihr aufwachte,
bin ich doch froh
alleine auf den Brücken
zu tanzen.
Alleine für den Frieden,
alleine für den Sieg
über die menschliche Rasse.

Mallorca

Sitzen auf dem Balkon,
mit einem Kaffee
und einer gedrehten Pueblo-Zigarette.
Ich mochte mich,
alleine auf dem Balkon,
in Jeans und Hemd,
am meisten von allen.
Das Chaos der Stadt,
und die Menschen,
die auf der Straße vorbeilaufen,
waren wie Nektar für mich.
So lebendig, desorientiert
kamen sie mir vor.
Familien ohne Sinn für das wahre Theater,
Idioten, die denken beim Laufen,
und andere Dummköpfe,
die nicht wußten für was sie geboren waren.
Müll. Die Stadt war Müll.
Ein Haufen gezeugter Schwächlinge,
die mich einen Bücherwurm nannten.
Ich war kein Bücherwurm. Ich hatte aufgehört zu lesen.
Und selbst mich hatte die Müllabfuhr noch nicht entdeckt.
Alles war verrückt,
verdorben und selbst die Künstler,
von denen es eindeutig zu viele gab,
beschäftigten sich nur noch mit Themen,
die mich zu Tode langweilten;
Autos, Hoffnungen, Pathos etc. ...,
da blieb einem nur noch das Saufen
und die Damen aus der Hölle,
die Sinn für meine Schreibe hatten.
Mir wuchsen Flügel,
wenn ich aus dem Keller trat,
und ein Lied sang, das so schräg war,

dass es selbst Engel verzauberte.
Jazz und Rap war mein Piano.
Im letzten Jahrhundert
wäre ich bestimmt Pianospieler geworden.
Ich entschied mich für die Moderne.
Computer-Sound, Sample und Loops. Beat.
Im Bett war es doch am schönsten.
Liegen und aufstehen um zu pissen
oder sich einen Kaffee zu machen
und wenn es keinen Kaffee mehr gab,
Bier oder Sekt oder alles zusammen,
hintereinander.
Der Strom der Zeit
und die Kiffer aus der Hasenheide.
Ich möchte nicht schon wieder anfangen,
einen Lobgesang auf Neukölln anzustimmen.
Das machte ich schon oft,
aber Neukölln war wie eine Zirkus,
in dem man Elefanten dressierte.
Dumme Elefanten und Artisten,
die auch nichts besseres
mit ihrer Zeit anzufangen wussten,
außer zu trainieren, für ein Publikum,
welches ihnen dafür Beifall gab.
Gut, sehr gut sogar.
Als Clown hast du es noch schwieriger,
als ein Bänker in der Krise.
Gedichte waren zum Hinfetzen gedacht,
um sich dann wieder schlafen zu legen
und sich was von Dizzy Gillespie anzuhören.
Ich ging unter in Deutschland.
Und wenn ich nicht gerade schlief
oder schrieb,
setzte ich mich auch mal
in einen Flieger nach Mallorca ...
In der Tasche Aquarelle um sie zu verkaufen.
Und selbst in Mallorca
war ich nur auf der Straße,

keine Bleibe.
Ich klaute Wein
und wurde erwischt,
aber der Ladenchef rief nicht die Polizei.
Mallorca war neben Paris der zweite Anlaufpunkt für mich,
um kreativ zu werden.
Mallorca, Mallorca,
ich komme wieder
mit dem Schiff.
Europatour
mit Jazztapes im Gepäck.
Mallorca, Mallorca
ich brauche dein Klimata.

Katastrophe

Seit meiner Geburt
Katastrophe,
katastrophal,
Kino,
Kinoplakate
in der Wüste,
eine schwierige Geburt.
Sollten wir unsere
Eltern dafür strafen,
dass sie uns
in diese Welt
gebracht haben?
Für nichts
und wieder nichts
all die ungelesenen
Bücher,
die nur von den
wenigsten ausgeliehen wurden.
All das Wissen
versammelt in
der Bibliothek,
das keine Sau
interessierte,
aber dafür
war das Klatschblatt
ja da.
Hunger, fressen,
das große Fressen
im Dschungel.
Krieg kannte
man nur aus Nachrichten.
Reise, Reise
bis zu den Sternen,
um dann wieder

ins Bett zu fallen,
was echtes zu spüren.
Schlaf, viel Schlaf
und die sieben Leben
der Katze.
Geld war nur Nebensache.
Nackte Tänze
derer, die verdorben
waren,
verdorben wie ich
und der Rest der Welt.
Bierrausch und Zigarettenrauch,
alles zerfällt zu Asche
in einer Welt,
in der ich es mir nicht
ausgesucht habe zu leben.

Die Hütte auf der Farm

Die Farm,
auf die ich zog
lag am Rande
von Berlin.
Ich kam in einer
Hütte unter,
mit zwei Bewohnern.
Ich hatte ein
Zimmer für mich.
Die westliche Welt
geht zu Ende dort.
Nur Kaputte
und Außenseiter,
Irre,
und Abhängige.
Ich hatte
aufgegeben
und arbeitete
im Garten
und versuchte
vom Alkohol
loszukommen.
Mindestens für ein Jahr
sollte ich dort bleiben.
Dort wo niemand
ein Niemand war,
draußen in der Schule,
welche die wahre Schule
war, und keine Universität.
Ich bin hier
her geschickt worden,
aus einem Grund
den ich noch nicht erkannt habe.
Peu a peu

dem Gefängnis des Todes
entgegen,
entgegen
mit einem Stechschritt
der Unvernunft.
Hemingway gab
sich den Kopfschuss
nachdem es mich sehnt.

Delirium,
Furcht,
Freiheit.

Überego

Meine Lache
ist hässlich,
mein Dasein
verdorben,
verdorben
von Anfang an.

Mitten
im Chaos
habe ich
mich selbst
als meinen
schlimmsten
Feind erkannt,

und es tut
gut zu wissen,
dass man anders war
als sie;
die, die sich
vor meiner
Eigenheit schämten
und mich für mein
Liebesleben
in die Hölle schickten.

Ich weine noch
einmal für
alle, die kämpfen
und die der
Neid zerfrisst.
Brauchte
die Welt noch neidische
Menschen?

Ich hatte Frauen
und ich hatte Freunde,
ich hatte wenig Geld,
aber immer genug Power um zu überleben.

Alles was sie
von mir haben wollen,
sollen sie haben,

stolz und mit Muskeln,
fröhlich und singe,
wie ein Vogel der
der Freiheit entgegen
fliegt.

Schenkt mir eure Lügen,
ich heirate noch einmal
die ganze Welt
und falls ich morgen
sterben sollte:
Fick, ich war da,

der beste Dichter der Welt.

Blues für die Blonde & die drei Engel

Auf der
Wiese
am Rhein
in Mainz
mit ein
paar
5,0 Original
Bier
ein billiges
Bier,
und
die Sonne
scheint
mir ins Genick
und
das Bier
setzt zu,
erbaut
sich im
Körper.
Da ist
der Rausch
und neben
mir tanzen
drei junge
Frauen
wie Engel
die zu mir
geschickt
wurden,
zu einem
Song
aus dem
Radio.

Ich schaue
ihnen
zu
und
denke
mir,
dass
ich es mit
allen dreien
aufnehmen
würde,
aber
ich bin
zu faul
sie
anzusprechen,
und trinke
noch einen
Schluck,
und lege
mich hin
und
in meiner
Brust
sitzt
ein Vogel
der raus
will,
er singt
schön, schon
seit Jahren,
ich kippe
Bier auf ihn
und lasse
ihn weiter
singen,
singen
in meiner

Brust
da am Rhein
auf der
Wiese
und alles
ist erträglich
für einen
Moment
fast schon
zu schön.

Ich stehe
auf,
das Bier ist
leer,
und schlendere
zum Supermarkt
um mir neues
zu holen.

Mainz ist
gar nicht so
übel,
dafür,
dass es
eine Kleinstadt
ist, und
ich ein Kind
aus der Großstadt
bin.

Ich denke
an Nietzsche
& zünde
mir eine
Zigarette an
& trinke
das Bier

& setze mich
in den Park
& warte
& singe
den Blues
für die Blonde
auf dem Fahrrad.

Keine Hoffnungen,
keine Zuflucht,

ich bin
der glücklichste
Mensch der
Welt.

Nora & Felix

Porno,
Erotik,
schön,
häßlich,
menschlich,
übermenschlich,
Mäuler,
Stadt,
jung,
Jazz,
Party,
unendlich,
geschmolzen,
froh,
kreativ,
weiter,
unvernünftig,
verliebt,
wohnlich,
ungewöhnlich,

für die einen
fremd
und für
die anderen,

uns.

Eine geliebt

Wie viel
Gedichte
ich ihr
auch schrieb,
wie oft
ich den
Romeo
gab,
klingelnd
an ihrer Haustür
und mir
vom Balkon
nur Geschrei
anhören
musste,
Anrufe,
Briefe,
alles
für die
Katz.

Nora,
lass
mich
dein Affe
sein
und von
der
Brücke
springen,
kurz
davor.

Eine
geliebt,
eine verloren.

Mein Hollywood

Nirgendwo sicher,
Abgründe tun sich auf,
Mord in der Stadt,
gestern wieder
jemand erstochen.
Die Straßen,
ein heißes Pflaster
in einer Welt aus Beton.
Ratten aus U-Bahnschächten
suhlen sich in dem erbrochenen
eines Obdachlosen.

Du musst auf der Hut
sein,

jeder Schritt,
jeder falsche Blick,
und Berlin hat,
dich am Sack
wie eine durchgedrehte Nutte
aus Rumänien.

Die Irrenanstalten voll.
Hotel Ali Baba hat noch
Plätze.
Ich liege im Bett
und starre die Decke an,
verkatert und mit genug
Power, um den nächsten Besuch
im Knast zu überstehen.
Ich bin ein Räuber,
ein Versager
auf jeder Strecke
die das Leben mir vorgelegt hat.

Angst beschleicht mich,
morgen schon draufzugehen
in dieser Wüste,
in der es nur ums
Überleben geht.

Ich raffe mich aus dem
Bett auf
und trinke
noch einen Schluck
Merlot aus der Flasche;

auf das Versagen,
auf die Moral
auf mein kleines
Hollywood!

Misserfolg

Zwischen Gosse und Irrenhaus
Alkoholismus und meinem Bett
suche ich die Muse,
die Muse, die selbst den
schlimmsten Kater vergehen lässt,
und dir den Hang
zur Poesie nicht abspricht,
sondern dein
Dasein als Punk
genehmigt,
die Muse, die auch den
Schlaf nicht für verrückt erklärt,
und ich brauche den Schlaf.
Der Schlaf als Mittel
um runterzukommen
vom Rausch,
vom Leben in der Hölle.
Die Liebe ist flöten gegangen
schon vor zehn Jahren
soweit ich zählen kann,
die einzige,
aber keine Gedanken an Selbstmord
nur hin und wieder Bier
und Zigaretten jeden Tag,
vom Kiffen habe ich mich losgesagt.
Liegen auf dem Bauch,
liegen auf dem Rücken
mein Bett eine Bastion,
mein Hang zur Philosophie
verflucht.
Ich bin allein
und es ist verfickt nochmal
gut so.
Puff, Casino

halten mich
vom Durchdrehen ab.
Der Spätkauf nebenan
ein Paradies,
ein Paradies für Versager,
wie ich es einer bin.
Der Aschenbecher überfüllt
mit Kippen.
Unterhosen und Socken
im Zimmer auf dem Boden
verstreut.
Chaos.
Seit Anfang an
war nichts anderes
als Chaos.
Misserfolg.
Der Tod,
ein guter Bekannter
über die Jahre geworden.
Ich zähle die Tage,
zähle sie so lang,
bis er mich einholt.

Hundesohn

Von Anfang an war Chaos.
Seit meiner Geburt,
Chaos. War ich ein Hund?
Ich dachte nicht mehr daran
Künstler zu werden,
ich war einer.
Als Dichter bist du nur irgendein Joe
ohne Hoffnung.
Als ich jung war, war ich in New York,
ich schätze mit elf,
und wir fuhren mit dem Auto
die Küste entlang bis nach Kalifornien.
Damals habe ich noch jongliert,
war im Zirkus und habe sogar Geld damit verdient.
Ich gab das Jonglieren auf,
da es im Jugendalter,
irgendwann, wichtigere Dinge gab,
Frauen, Freunde, Rauchen, Alkohol etc. ...
Ich hatte mich sozusagen als Clown versucht.
Arbeiten stellte eine Anstrengung für mich dar,
aber ich hatte mehrere Jobs;
im Lager bei der Post,
im Biomarkt,
als Wäscher von LKW´s,
in der Textilfabrik,
und zahlreiche andere Lagerjobs.
Ich wurde arbeitslos,
und fing an zu saufen,
und musste in Einrichtungen,
da ich oft Stress bekam,
wenn ich gesoffen hatte.
Ich möchte diese Zeit verdrängen.
In Kneipen ist der Ärger mit dem Messer nicht weit,
ich besorgte mir selbst eins.

Man weiß nie, wann mal wieder einer durchdreht.
Die Gefahr da draußen möchte ich dennoch nicht missen.
Ich brauche sie um zu überleben.
Man fühlt sich so lebendig dadurch.
Seit jeher war ich auf den Straßen.
Aus dem Elternhaus raus,
und rein in diese verrückte Welt,
in der sich jeder zu behaupten versucht.
Ich wollte singen.
Ein bisschen Ahnung hatte ich von Musik.
Ich klaute ein Paar Schuhe,
mit 13, und wurde erwischt.
Ein paar Monate ging dass gut,
bis zu diesem Tag. Die Polizei kam.
Mein Vater holte mich ab.
Er war nicht sauer, aber verwundert,
da er sich so etwas nicht bei mir vorgestellt hatte.
Mein Vater war ein Stammbaum,
groß, stark und mental.
Ich erinnere mich daran,
dass er mal einem Mann eine Backpfeife gab,
da er ihn auf dem Fahrrad angefahren hatte,
mit dem Auto.
Mein kleiner Bruder war auf dem Gepäckträger.
Und diese Backpfeife beeindruckt mich noch heute.
Der Typ ist umgekippt.
Ich glaubte nicht an Gott,
ich glaubte nicht an Krieg.
Ich war ein Friedensteufel.
Ich hatte Nietzsche gelesen,
Bukowski, Celine, Rimbaud,
Turgenjew, John Fante, Henry Miller.
Das ganze Wissen war wichtig,
um den Dschungel zu überstehen.
Ich lebte seit zehn Jahren ohne Frau,
und hatte nur sporadische Affären,
Ficks und zahlreiche Begegnungen auf Partys,
aber nichts echtes seit Nora.

Nora ist bis heute meine Muse,
eine bezaubernde Frau. Eine Dame.
Ich denke oft an sie, und glaube auch,
dass sie für mein Trinkverhalten
eine große Rolle spielt.
Ich möchte ihr nicht die Schuld geben,
dass wäre unfair.
Ich streunte herum,
in Paris, Mallorca, Dijon.
Ich wusste nicht, ob ich Alkoholiker war,
aber wenn man schon anfängt sich Wein zu klauen,
liegt es wahrscheinlich sehr nahe.
Ich war Schriftsteller,
obwohl ich in Deutsch
immer eine Drei hatte.
Ich wollte es einfach auf den Punkt bringen.
Ich hatte nicht studiert,
und dachte daran mein Abitur nachzuholen,
um dann Philosophie zu studieren,
aber umso älter man wird,
umso schwieriger wird es.
Ich war nun 30
und das Chaos herrschte immer noch.
Ich hatte keine sichere Bleibe,
und schlief im Obdachlosenheim,
Einrichtungen.
Ein Leben in Paris war ein Traum.
Ich war oft dort,
zu Besuch und schlief im Hotel oder in Parks
und besuchte die Bücherläden,
schlenderte die Seine entlang,
und schlug mich durch
mit meinen Französisch-Kenntnissen,
die ich noch aus der Schule hatte.

Dies hier soll kein Gedicht sein
im üblichen Sinne der Literatur.
Dies ist mehr als das.

Dies lässt das Chaos fließen,
im Fluss Manova,
bis hin nach Frankreich und Amerika.
Wir brauchen keinen Westen mehr.
Der Westen geht zu Ende damit.
Mir sind schon längst Flügel gewachsen.
Dies ist für Nora.
Um Schriftsteller zu sein,
musst du schreiben können.
Ich konnte schreiben,
wenn auch schräg,
wie mein Gesang,
schräg wie mein Leben.
Und ich lebte wie tot.
Dieses Gedicht besagt,
dass wir keine Bücher mehr brauchen.
Ich mache es mir einfach hiermit.
Dies ist viel mehr ein Abgesang
auf den ganzen Fake der uns umgibt,
viel mehr ein Abgesang auf die Massen,
die Menschheit, die Liebe, den Tod,
was ihr wollt ...
Dies ist mein Untergang.
Entsetzlich das überhaupt Krieg war.
Verzeiht mir meinen bitteren Ton,
denn ich hatte nicht vor bitter zu werden,
aber nun komme ich nicht mehr drum herum.
Macht euch nichts aus meiner Obszönität,
sie ist nur menschlich.
Ich bin ein Dieb,
angeklagt weil ich Wein gestohlen habe
und ein Messer in der Umhängetasche trug.
Eure Ziele langweilen mich.
Eure Zukunft ist nicht vorhanden.
Eure Zukunft ist hiermit ausgelöscht,
denn es gibt sie nicht.
Ich will tanzen,
während ihr strebt,

ich will tanzen,
während ihr euch anstrengt.
Ich habe aufgegeben.
Ich war fröhlich, bin fröhlich,
und sterbe fröhlich.
Ich will zaubern, euch verzaubern,
Hinweise geben, Extasen zelebrieren.
Ich will einfach sein.

Ein Hundesohn.

Kulturlos

Ich zog aus,
war eine Hyäne
unter Ratten
und froh
wenn ich
lachen konnte,
noch ein
paar mal
lachen
und dann
abgeben.
Die Hölle
ist ein
Platz
an dem
es sich
aushalten
lässt.
Gehasst
und
geliebt.
Ich konnte
Das Wort
Kultur
nicht mehr
hören,
mein
Territorium,
die Wüste im
Westen,
der Westen
ging zu
Ende,
die Kultur

hatte versagt,
und der
ölige Fisch
zappelte
an der
Leine.

Einsam sein
bedeutet
nicht
alleine
sein.

Das System
formt uns
zu Marionetten,
ich spiele
nicht mit,

lasse
einen
Fladen
Spucke
auf dem
Gehweg
und
der Tag
verspricht
mir,
dass
ich
noch ein
ganzes
Leben
vor mir
habe.

Neue Erkenntnis

Nora war mir
den Selbstmord
nicht mehr
wert,
Alba schickte
mich in
diese
Erkenntnis,
und nun
saß ich
neben Alba
und sie lächelte,
als ob ich
sie küssen
sollte,
doch ein
Funke
der Verzweiflung
hinderte mich
noch daran.

Höllentrip

Aufstehen
arbeiten
schlafen
aufstehen
arbeiten
schlafen

Sie machen
sich kaputt
spielen mit
wie es ihnen
in der Schule
gesagt wurde

gründen
Familien
doch der Sexus
ist was anderes

Ein Dichter
in Jogginghose
ist für viele schräg
Mütze
und
Converse
Fick
Kippen
und Bier
verliebt

Hat Händchen
gehalten
mit seiner
alten Freundin

und zugeschlagen
wenn es
Ärger gab
dieser dog
kommt doch
eigentlich
aus L.A.

Pisst an
Bäume
torkelt
aus der
Kneipe
nervt seine Ex
spielt verrückt
mit dem Messer
denkt an Selbstmord
liest Bukowski
Henry Miller
John Fante ...
fährt andauernd
nach Paris

Schickt
Fotos
mit einer
Nackten herum
nennt
sich einen
Jazzer

Sie nennen
ihn Pseudo
die anderen real
doch wer
kann das am
Ende entscheiden?

niemand

Frieden

Berlin hatte mich zurück.
Und ich zweifelte daran,
ob alle Berliner das wollten ...
sogar die Linke schwenkte
Fahnen ... doch was sind Fahnen?
Fahnen sind Dreck wie Berlin ...
Berlin war war ein Moloch
der ewigen Scheisse ...

Ich rauchte
knapp zwei Schachteln
am Tag ...

Die meisten
sahen mich
wie Dichter
in Paris,
wo es mich auch
hinzog,
doch sollte ich
bleiben, Berlin,
schwöre ich allen
Frieden.

Frieden!

Brief an Sophie

Liebe Sophie,
ich habe dich
in Paris
gesehen
am quais de seine
und deine
Blicke sagten
mehr als ein Stein
und ob
wir uns
wiedersehen
werden
sollen die Götter
entscheiden.

Deine Blicke;
eine geschenkte
Lüge
wie Schrot
in einem
Teebeutel.

Speed & Pullover

Der Deal im Park
sollte schnell
vorübergehen

man legt
sich eine
Line im
Hausflur
und kauft sich
ein Radler

der Hemdkragen
blitzt aus dem
Pullover

Exas
ist die
ganze
Geschichte

Chips & Nippel

Es war Frühling
ich hatte gerade
ein wenig Geld
bekommen
und schlenderte
damit
in das Bordell
in der Donaustraße
und entschied
mich für eine
die in etwa
aussah
wie Gina Wild

Ihre Titten
wackelten
als ich sie
von hinten
fickte
im Spiegel
des Zeitraffers
ihre Nippel
blitzten dabei
wie Sterne
in der Nacht

Die Nummer
lief eine
halbe Stunde

und sie saugte
mir gen Ende
noch einen ab

Man zog sich
an und verabschiedete
sich mit einem
Schulterklopfer

Der Sekt und die Chips
von der Tanke
nebenan
waren
wie
ein Happy end

Paris

Drei Tage
und Nächte
im Vorbeiziehen.
Immer wieder Paris,
immer wieder
auf Tournee.

Künstler

Nun denke
ich nicht mehr,
dass ich
Künstler bin,
ich bin einer.

Fusstritt

Ein Fusstritt
für die Menschheit,
Liebe, Glaube,
Hoffnung

Aufgeben

Ich habe
aufgehört
zu kämpfen,
da das Leben
sinnlos erscheint

Jazz

Jazz
is the
best.
Keep
the
Jazz
up!

Business

In Dijon
eine Dame
gesehen,
so allein
in den Gassen.
Ich verkaufte
ihr ein Bild
für einen
Wein.

Flora und Fauna

Cononchen
Cononchen
jetzt ist
Kojones angesagt
Wuff, wuff, wuff
wir waren da
und es war
wenn ich am
Bordstein
in Paris saß
wie ein göttliches
Ritual
mit einem Bier
in der Hand

Sophie
du kannst
dem nicht
entrinnen
ich liebe dich
dich und die
Welt
wie sie mich
liebt

Ich will
schmelzen
vor Liebe

Extasische
Zwecke
der Tage, Liebe, Nächte
der weiteren
für einen guten

Zweck
für eine
schönere Welt

Epilog: Aphorismen

Geld alleine macht kein Glück, zu viel davon, macht seelisch arm.

Finde zu dir selbst, heißt, finde zu Gott.

Denke ab und zu daran, dass du am Leben bist und wundere dich. Es hätte auch schlimmer kommen können.

Andere Gedanken, aufhören zu denken. Nirwana.

In der Schule lernt man nur, wie man mitspielt. Wer nicht mitspielen will, bricht ab.

Ohne Ziele scheint das Leben wesentlich einfacher.

Geboren mit einem Schädel, mit dem ich mich noch heute abfinde.

Der Mensch als Untier im Universum der Möglichkeiten.

Die Welt ist ein Krebs, der uns auffrisst.

Das System formt uns zu Marionetten, ich bleibe im Bett.
Ich bin nur eine Nummer, die versucht keine Null zu werden.

Der wahre Freund kann auch mal lügen, um dir zu schmeicheln.

Einsam sein bedeutet nicht alleine zu sein.

So wie ich alleine durch die Gassen schlendere, gibt es immer noch einen Funken zu bewahren.

Inhalt

Felix Martin Gutermuth, geboren 1987 in Berlin. Baudelaire zählt zu seinen Einflüssen, außerdem Rimbaud, Dostojewski, Celine, Bukowski, Henry Miller, Turgenjew und Nietzsche. Er veröffentliche Gedichte in dem Band „So sind die Tage noch ein Warten" und „Eine Tasse Tee genießen" sowie Aphorismen in dem Band „Schwalben am Teichufer" bei Literaturpodium. Dort erschien außerdem die Erzählung „Jahre für die Katze" in dem Erzählband „Spagat auf Zeit". Weitere Beiträge publizierte er in den Magazinen „Klimperkiste" und „Maulhure".

Kontakt: felixmartingutermuth@gmx.de

So sind die Tage noch ein Warten

Gedichte

Klaus-Dieter Boehm, Evelyn Clark, Felix Martin Gutermuth u.v.a.

188 Seiten, 2018

Die Berge der hohen Tatra werden lyrisch umrissen, Echoräume ge-
öffnet. Zahlreiche Gedichte unternehmen Ausflüge in die Natur. Das
Schicksal Aleppos gerät in den Blick. Den Opfern des Bombardements
von Dresden 1945 sind Zeilen gewidmet. Die türkische Machtergrei-
fung wird scharfer Kritik unterzogen. Häusliche Gewalt und wie das
Opfer dazu lächeln muss, versucht ein Gedicht auf den Punkt zu brin-
gen. Die Unzulänglichkeiten des Alltags in einem Pflegeheim markiert
einer der Autoren, wie man an seinem Lebensende in finanzielle Geisel-
haft genommen wird, unwürdig einer mündigen Gesellschaft, so Profit
zu schlagen aus den Gebrechen der älteren Generation. Einige Liebes-
gedichte finden sich im Band, die Jahreszeiten kommen vor. Gefeiert
wird das vagabundische Leben, Sekt zum Frühstück, ein Blick auf die
Schwächen zügelloser Lebensgier.

Jahre im September

Gedichte und Erzählungen

Marko Ferst

212 Seiten, Edition Zeitsprung, 2017

Über Ostseeinseln wie Öland und Usedom streifen die Gedichte. Sie führen in die schwedische Schärenstadt sowie nach Buchara, Samarkand oder in den Ural. Magische Ausflüge in die Natur und Tierwelt tauchen auf. Gedichte zu Musik, Literatur und Malerei reichern diesen Lyrikband an. Unter die Lupe genommen wird der Drang der Regierenden, uns mehr und mehr auszuspionieren. Kritik zieht das gescheiterte Afghanistan-Abenteuer auf sich, das syrische Totenfeld wird umrissen. In Bangladesch zeichnen sich weitere Landnahmen des Meeres ab, Wasserstände, die mit unserem verschwenderischen Lebensstil im Norden verbunden sind. Sondiert wird, warum unsere Zivilisation ökologisch zu scheitern droht, sich längst im Spätstadium befindet. In der Arktis zeigt sich, wie weit das Vorspiel zum Klimaumsturz schon gediehen ist. Spitzbergen archiviert unsere letzten genetischen Hoffnungen. Den Spuren und Abgründen einer mysteriösen Krankheit wird nachgegangen. Der Band enthält zwei Erzählungen - eine arktische Begegnung zwischen weißen Raubtieren und einen Blick in das sowjetische Speziallager Sachsenhausen.

Leseproben: www.umweltdebatte.de Bestellung: marko@ferst.de

Seltenes spüren

Gedichte

Ulrich Grasnick, Elisabeth Hackel, Günter Kunert,
Marko Ferst, Dorothee Arndt, Charlotte Grasnick u.v.a.

268 Seiten, Edition Zeitsprung, 2014

Erleben Sie den Inkafrühling in Peru. Versunkenen ägyptischen Schätzen wird nachgespürt. Monets Garten lädt ein und dem Duft einer französischen Bäckerei folgt ein Gedicht. Der Berliner Dom spiegelt sich nicht mehr im Palast. Zahlreiche surreale Gedichte enthält der Band, vereinzelt auch gereimte. Ein Besuch bei Heine steht an, versteckt liegt sein Denkmal. Den Szenarien der Krieger geht ein Lyriker auf den Grund, von weidwundem Land berichtet ein Gedicht für die Erde. Letzte Bienenwagen kommen in den Blick, Ausflüge führen ins Känguruland. Die Sonnenpost läßt uns Entfernungen vergessen. Der vorliegende Band ist eine Gedichtsammlung des Köpenicker Lyrikseminars und der Lesebühne der Kulturen Adlershof. Gäste wurden eingeladen. Grafiken von Dorothee Arndt illustrieren den Band. Das Lyrikseminar existiert seit 1975 und publizierte bereits mehrere Anthologien.

Leseproben: www.umweltdebatte.de
Bestellung: marko@ferst.de (dt. Porto frei)

Die Jungfrau aus dem Norden

Gedichte

Rainer Daus

124 Seiten, 2019

Die Gedichte handeln von Liebe, der Sehnsucht nach einem ersten Kuss, Sexualität. Es geht um die ganze Bandbreite dessen, was unser Dasein ausmacht im Kern. Ebenso leuchtet der Autor Sterben und Leid aus, weicht mit seiner Sicht nicht zurück, wenn Mord und Terror von sich reden machen. Kurzum: Die hier vorgelegten Gedichte sind in Versform gegossene Konzentrate aus Leben, Welt und Erfahrung. Reimlose, moderne Lyrik ist es, wie man sie unter anderem von Charles Bukowski her kennt oder dem frühen Gottfried Benn. Zynisch, sarkastisch oder brutal zuweilen im Ton, oft aber auch mit einer zärtlichen Spur. Die thematische Varianz der Gedichte ist hoch, sie sind auf Verständnis hin ausgelotet, die Kraft der Bilder immer im Blick.

Leseprobe, Inhalt: www.literaturpodidum.de
Kontakt und bestellen: daus.r@t-online.de